LA
QUESTION DES FABRIQUES

LIGNE DE CONDUITE A TENIR

PAR LES TRÉSORIERS DE FABRIQUE

CONSULTATION

de M. JULES JAMET

Avocat à la Cour d'appel de Paris, Docteur en Droit,
Professeur de Législation des Cultes à l'Institut catholique.

ADHÉSION DU COMITÉ

DES JURISCONSULTES CATHOLIQUES DE PARIS

Projet de pétition à signer par les Conseils de Fabrique
et à remettre au député de chaque circonscription.

PARIS

IMPRIMERIE E. PETITHENRY

8, RUE FRANÇOIS Iᵉʳ, 8

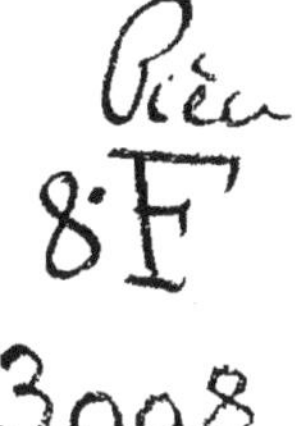

LA
QUESTION DES FABRIQUES

LIGNE DE CONDUITE A TENIR
PAR LES TRÉSORIERS DE FABRIQUE

BIBLIOTHÈQUE NATIONALE — R.F. — IMPRIMÉS

CONSULTATION

Le Conseil soussigné, professeur de droit à l'Institut catholique de Paris, chargé du cours de *Législation des cultes*, docteur en droit et avocat à la Cour d'Appel de Paris,

Consulté par plusieurs **Trésoriers** sur la **Question des Fabriques** et sur la **Ligne de conduite** qu'ils doivent suivre désormais, en présence des *décrets du 27 mars 1893 et du 18 juin 1898*.

Est d'avis :

1º Que la **question des Fabriques** est une **QUESTION AU MOINS MIXTE,** c'est-à-dire qui ne peut être résolue que par un commun accord entre l'autorité **ecclésiastique** et l'autorité **civile;**

2º Que le devoir aussi bien que le droit des **Trésoriers** de Fabrique est de transmettre directement leurs comptes à leur supérieur hiérarchique qui est l'**évêque** ou l'**archevêque,** pour lui permettre d'exercer son contrôle; que si, après cette transmission dont ils peuvent demander un *récépissé,* les **Trésoriers** consentaient à laisser toutes les pièces entre les mains de leur **évêque,** ils pourraient se considérer comme ayant rempli **tous leurs devoirs;**

C'est ce que le Conseil soussigné se propose de démontrer dans le travail qu'on va lire.

PREMIÈRE PARTIE

Une circulaire adressée en mai 1894 à NN. SS. les Archevêques et Evêques de France par S. Exc. leNonce apostolique s'exprimait ainsi :

Le Saint-Père, désirant vivement que l'Episcopat français garde une attitude uniforme dans la question des Fabriques, afin d'éviter des conflits dangereux, m'a chargé d'exposer ce qui suit en voie confidentielle et réservée à tous les Ordinaires des diocèses de France :

1° Le Saint-Père n'a pas omis de soutenir vis-à-vis du gouvernement les droits de l'Eglise, affirmant que CETTE QUESTION EST AU MOINS MIXTE et qu'elle doit être résolue par un commun accord des deux pouvoirs. Le Saint-Siège continue de défendre ces principes avec fermeté;

2° Le gouvernement français a fait déclarer au Saint-Siège qu'il est prêt à tenir compte des observations de l'Episcopat pour les modifications à apporter aux règlements dont il s'agit. Le Saint-Siège aura soin d'insister pour que ces promesses soient mises à exécution;

3° Le Saint-Père désire que les évêques, dans leurs réponses au gouvernement, tout en évitant de se mettre en opposition directe avec la loi, formulent les réserves nécessaires et opportunes, et fassent tous leurs efforts en vue d'obtenir les modifications des règlements et la réforme de la loi sur la comptabilité des Fabriques, s'appuyant à cet effet sur les difficultés générales et locales que rencontre l'application de cette loi.

Nous allons démontrer que la vérité juridique est exactement conforme à l'esprit et aux termes mêmes de cette Circulaire.

La question des Fabriques est **une question au moins mixte,** c'est-à-dire qui ne peut être résolue que d'un commun accord entre l'autorité ecclésiastique et l'autorité civile.

C'était du reste l'avis du gouvernement français lui-même, jusqu'en ces dernières années.

Nous en trouvons la preuve dans ce fait que le ministre de l'Intérieur et des Cultes, en 1880, ayant à nommer une Commission extra-parlementaire pour étudier certaines réformes à introduire dans la Législation des Fabriques, crut devoir, par un arrêté du 26 février 1880, désigner six Archevêques pour composer cette Commission avec des sénateurs, des députés et des conseillers d'Etat.

Le cardinal de Paris, dans une lettre du 12 juillet 1893, rappelait à M. le ministre de l'Instruction publique et des Cultes que *la question actuelle avait été soulevée déjà plusieurs fois, notamment lors de la discussion de la loi municipale de 1837. On avait proposé à cette époque d'appliquer aux Fabriques les formes de la comptabilité des hôpitaux et des établissements de bienfaisance.* **La proposition fut écartée parce que les Fabriques étaient des établissements qui ont un caractère particulier; que l'administration en a toujours été concertée et se combine avec l'action de l'autorité ecclésiastique,** *et que leurs revenus se composent d'objets étrangers aux ressources communales, tels que les chaises, les quêtes,* etc. On pensa donc avec raison que *si la législation qui régit les Fabriques avait besoin d'être modifiée, ce ne pourrait être qu'à la suite d'un travail réfléchi et* **concerté** *avec qui de droit.*

D'où vient donc que le gouvernement semble avoir aujourd'hui changé d'avis?

C'est qu'il s'est produit, dans ces dernières années, un fait très grave, auquel on n'avait attaché tout d'abord que très peu d'importance, qui a entraîné cependant toutes les conséquences dont nous souffrons aujourd'hui, nous voulons parler de l'introduction d'un faux principe de droit dans nos lois.

A la date du 26 janvier 1892, à la fin d'une journée parlementaire où les députés, siégeant depuis 9 heures du matin, discutaient la loi de Finances, l'un deux, M. César Duval, vint demander que les-deniers des Fabriques fussent soumis aux règles de la comptabilité publique, par ce motif qu'ils lui paraissaient des *deniers publics* semblables aux deniers des hospices ou bureaux de bienfaisance.

La plupart de nos législateurs ne comprirent pas alors toute la portée de ce faux principe.

Il fut introduit dans la loi de Finances, malgré les protestations énergiques et éloquentes de Mgr Freppel à la Chambre et ensuite de M. Lucien Brun au Sénat. Il est devenu la loi du 26 janvier 1892, dont les deux Décrets du 27 mars 1893 et du 18 juin 1898 ne sont que la conséquence et l'application.

Or, c'est là précisément qu'est l'erreur.

C'est au point de départ qu'il faut revenir pour y porter le remède et la lumière.

Nous n'avons pas la prétention de soutenir un principe nouveau en disant que les deniers des Fabriques ne sont pas des *deniers publics.* Il y a longtemps que des jurisconsultes nous ont précédé dans cette voie, notamment MM. Aubry et Rau, dont le nom fait autorité dans la jurisprudence, et qui déclarent que **cette solution ne leur paraît pas susceptible d'une con-**

troverse sérieuse » (V. *Droit civil,* Aubry et Rau, t. III, p. 248-9.)

Cependant, nous croyons devoir insister sur ce point, car il est capital. Il est la source de tous nos maux.

Les biens des Fabriques ne ressemblent nullement aux deniers publics de l'Etat, des départements ou des communes. Ceux-ci proviennent pour la plupart d'impôts obligatoires que tous les citoyens, sans distinction de croyances ou de religion, sont forcés d'apporter dans les caisses publiques.

C'est l'impôt sous ses diverses formes, nous dit M. Marquès di Braga, c'est l'impôt qui est le générateur par excellence des deniers publics, parce qu'il procède d'une manifestation de la puissance publique. (V. Marquès di Braga : *Des Comptables publics,* n⁰ 154. V. aussi : *Comptabilité de fait.* Répert. Administ. de Béquet.)

Aucun contribuable ne peut s'y soustraire. Dès lors, on conçoit que chacun ait le droit de demander ce qu'on fera de ses impôts, de quelle manière on les emploiera. Voilà pourquoi on y applique toutes les règles et formalités de la Comptabilité publique.

Le juif, le protestant, le catholique, comme le libre-penseur, doivent se soumettre à la même obligation de payer leurs impôts. Il est naturel, dès lors, d'exiger cette garantie dans l'intérêt des uns et des autres.

Examinons maintenant les deniers des Fabriques et comparons-les avec ceux qui précèdent.

Dans l'immense majorité des cas, ces deniers se composent uniquement du produit des bancs et chaises et de quelques aumônes ou quêtes. Mais tout cela est parfaitement volontaire, spontané, n'a rien d'obligatoire et ne peut être comparé aux deniers publics.

Celui qui va à l'église pour y occuper une chaise ou un banc accomplit un acte parfaitement libre et spontané. Lorsqu'il paye au trésorier pour cette chaise ou pour ce banc un prix convenu, comme lorsqu'il verse une obole pour les frais du culte, c'est qu'il le veut bien ; il était libre d'aller à l'église ou de n'y pas aller.

Les donations elles-mêmes qui sont faites à la Fabrique et les revenus qui en proviennent ont ce même caractère d'être absolument libres, volontaires ; elles émanent de catholiques qui veulent pourvoir à l'entretien de leur culte.

Qu'il s'agisse d'une Fabrique pauvre ou d'une Fabrique possédant des dons et legs, tous les biens, toutes les recettes, tous les revenus de l'une comme de l'autre ont le même caractère, la même nature. Voilà donc une première différence entre les *deniers publics* par excellence, c'est-à-dire les impôts, et les deniers des Fabriques, c'est-à-dire les dons volontaires, les aumônes, les oblations. Les premiers sont forcés, obligatoires; les seconds sont spontanés, volontaires.

Il est une autre différence qui n'est pas moins caractéristique : elle est tirée de la destination qui est réservée aux uns et aux autres.

Pour savoir, en effet, si des deniers sont *publics*, il faut s'attacher à leur destination juridique.

C'est M. Marquès di Braga lui-même qui nous le dit, et c'est à dessein que nous invoquons encore ici, de préférence, son témoignage; d'abord, parce qu'il est connu comme spécialiste jouissant d'une grande notoriété dans ces sortes de questions, et ensuite parce qu'il a été le rapporteur du décret de 1893 contre les Fabriques.

Or, voici le moyen que nous indique M. Marquès di Braga pour arriver à savoir si des deniers sont des deniers *publics*.

C'est en se fondant sur leur destination juridique normale, nous dit-il, que l'on doit attribuer ou non à des deniers le caractère de deniers *publics*. (V. *des Comptables publics*, n° 160. V. aussi : Répert. Administ. de Béquet : *Comptabilité de fait*.)

Nous ne demandons pas mieux que d'admettre ce principe et nous l'appliquerons volontiers aux Fabriques.

Quelle est donc la destination juridique de leurs biens ? C'est d'être employés à l'entretien du culte catholique. Ils ne servent pas, comme les impôts, à payer les dépenses publiques de l'Etat, à entretenir l'armée, la police ou la gendarmerie. L'Etat, jusqu'à ce jour, n'a pas encore élevé la prétention de s'en servir pour acquitter ses propres dépenses. La seule et vraie destination des deniers de Fabrique, c'est le culte catholique, auquel l'Etat se dit bien haut tout à fait étranger, auquel il se proclame absolument indifférent.

Si l'Etat avait fait sien le culte catholique, comme autrefois l'ancienne monarchie, on comprendrait encore, à la rigueur, sa prétention. Mais il déclare solennellement n'adopter aucun culte, et il prétend se renfermer dans ce qu'il appelle la neutralité. A quel titre prétend-il donc s'intéresser à ces biens ?

Si encore il se rencontrait, parmi les deniers de Fabriques catholiques, quelque obole versée par des protestants ou des juifs, ou par quelques libres penseurs, on s'expliquerait que l'Etat soulevât la prétention de les traiter alors comme *deniers publics*, et de leur appliquer les règles de la comptabilité publique, sous prétexte de sauvegarder le droit de contrôle des juifs, des protestants ou des libres-penseurs. Mais puisque ces deniers émanent exclusivement des catholiques, et qu'ils n'ont pas d'autre destination juridique que l'entretien du culte, comment pourrait-on prétendre qu'ils doivent être assimilés aux *deniers publics*, de l'Etat, du département ou des communes ?

Si l'on veut une troisième preuve juridique pour se convaincre que les biens des Fabriques ne sont pas des deniers publics, on n'a qu'à regarder les modes de recouvrement, c'est-à-dire les moyens accordés par la loi elle-même pour faire rentrer les fonds dans la caisse.

Lorsqu'il s'agit de *deniers publics*, c'est au moyen d'une contrainte administrative que l'on procède.

Pour recouvrer les sommes qui sont dues à l'Etat, aux communes, aux établissements de bienfaisance, la loi a pris soin de créer des facilités, des garanties, parce qu'il s'agit là de deniers d'une nature spéciale, parce qu'il importe avant tout d'assurer leur rentrée normale dans les caisses publiques, pour éviter un grand trouble, par exemple un arrêt dans les services publics.

Mais lorsqu'il s'agit des deniers des Fabriques, rien de pareil n'existe pour assurer leur recouvrement. Aucune de ces garanties, aucune de ces facilités ne leur a été donnée. Ils sont assimilés aux deniers privés, et les Fabriques, pour les faire rentrer dans leurs caisses, doivent procéder comme de simples particuliers.

Voilà donc encore une preuve nouvelle que ces biens ne possèdent pas le caractère de deniers publics; car, s'ils le possédaient, ils seraient recouvrés de la même manière, ils jouiraient des mêmes facilités, des mêmes garanties.

Enfin, pour corroborer cette démonstration, nous ferons observer que le décret du 31 mai 1862, qui forme en quelque sorte le code de la comptabilité publique, nous donne, dans son titre V, l'énumération des établissements publics dont les deniers sont soumis à ces règles. Ce titre se divise en sept chapitres, consacrés aux départements, aux communes, aux hospices, aux lycées, etc..... Mais il ne mentionne aucun des établissements *ecclésiastiques*. C'est donc que leurs deniers sont d'une nature différente et qu'ils échappent aux règles de la comptabilité publique.

Un spécialiste fort distingué qui a passé sa vie dans l'enregistrement, M. A. Robert, fait remarquer très justement que chaque année on voit figurer dans la loi de finances, à la suite des contributions, la nomenclature d'une foule de recettes perçues au profit de certains établissements publics, bureaux de bienfaisance, hospices, etc., et il ajoute :

Voilà les véritables deniers publics; il n'y en a point d'autres. Car, ni au fond, ni en la forme, il n'y a de deniers publics, si ce n'est ceux qui sont perçus en vertu de la loi budgétaire. Or, les Fabriques ne sont jamais bénéficiaires d'impôts de deniers publics votés par le Parlement. Il est absolument inexact, il est contraire aux données les plus élémentaires du droit administratif que la redevance payée par moi, pour ma chaise ou mon banc à l'église, constitue des deniers publics, et soit recouvrée en vertu de la loi budgétaire.

Une consultation de M. Auguste Rivet, avocat à la Cour d'appel et professeur de droit à la Faculté libre de Lyon, rapportant ce témoignage, conclut dans le même sens (Voir *Revue catholique des Institutions et du Droit* par une Société de jurisconsultes, Lyon, mai 1894).

En résumé, nous pouvons dire que les deniers des Fabriques ne sont pas des deniers publics :

1º Parce qu'ils n'ont pas le même caractère, la même origine.

2º Parce qu'ils n'ont pas la même destination juridique ;

3º Parce qu'ils ne se recouvrent pas de la même manière et ne jouissent pas de la même facilité, des mêmes garanties.

Si nous avons pu établir ces trois points, de quel droit l'Etat viendrait-il mettre la main sur ces deniers, même sous prétexte de les contrôler ? En admettant qu'il se produise des malversations, si un trésorier ou si un Conseil de Fabrique manque à son devoir, nous avons le droit commun pour y porter remède, nous avons le Code pénal et les tribunaux, nous avons, aujourd'hui encore, la législation de 1809.

De quel droit l'Etat viendrait-il étendre la main sur une caisse ecclésiastique que les catholiques sont seuls à alimenter ?

On a prétendu que les nouveaux Décrets étaient nécessaires parce que les Finances fabriciennes n'avaient pas de contrôle, parce qu'il n'y avait personne pour *apurer* les comptes.

Le Conseil d'État lui-même a proclamé le contraire dans un arrêt tout récent, le 11 février 1898 (Affaire Gazeau, Fabrique de Thénac).

Il s'exprime ainsi dans cet arrêt :

« Considérant qu'il résulte des dispositions combinées du Décret du 30 décembre 1809, seul texte applicable à la comptabilité des Fabriques pour les exercices antérieurs à 1894, **que le droit de régler les comptes** contestés des trésoriers de ces établissements publics et **de les apurer appartenait à l'Evêque.... »**

Il est donc faux de dire que, sous la Législation de 1809, il existait une lacune pour *l'apurement des comptes*, puisque le Conseil d'état avoue lui-même le contraire.

Dès lors, pourquoi reprendre à l'évêque ce droit de *contrôle* et d'*apurement* qui lui appartenait, aussi bien d'après cette Législation que d'après les règles canoniques.

Mais il ne suffit pas de démontrer la fausseté d'un prétendu principe de droit, il faut aussi répondre aux objections que soulèvent ses partisans. Voyons donc quelles objections nous sont faites au nom de l'Etat :

1° Les Fabriques, dit-on, sont des *Etablissements publics*. Cela suffit pour que leurs deniers soient considérés comme *deniers publics*.

Nous répondrons que ce serait une grave erreur de croire que tous les *Etablissements publics*, même ceux qui perçoivent des impôts, voient leurs deniers contrôlés par le Conseil de Préfecture ou la Cour des comptes comme *deniers publics*.

Prenons un exemple.

Les Chambres de commerce sont des *Etablissements publics* dont les ressources proviennent de l'impôt. Elles perçoivent des centimes additionnels à l'impôt des patentes, des droits de navigation, etc., etc. On comprendrait très bien ici l'application des règles de la comptabilité publique, puisque ces établissements manient l'argent des contribuables. Et il y en a qui ont des budgets considérables. Celle de Marseille, par exemple, a plus de 600 000 francs de revenu et s'est fait autoriser, il y a quelques années, à construire des travaux pour plus de 5 millions (Voir Conseil d'Etat, avis du 28 juin 1883 et du 26 nov. 1885). De même pour celle de Rouen (Voir *Revue générale d'administration*, mars 1898).

Une loi toute récente du 9 avril 1898 est venue réglementer les Chambres de commerce. On aurait donc pu profiter de l'occasion pour soumettre ces Etablissements publics, qui perçoivent des impôts, à la règle générale.

Le Conseil d'Etat lui-même l'avait expressément demandé, et un article avait été inséré à cet effet dans le projet de loi. Mais cet article a disparu au cours de la discussion, soit parce qu'on a craint de rendre les trésoriers *introuvables*, soit pour d'autres motifs.

Il en est de même pour les *Caisses des écoles* qui doivent être instituées dans toutes les communes, pour faciliter la fréquentation des élèves au moyen de secours et récompenses. Ce sont des établissements publics qui reçoivent souvent de larges subventions communales et qui sont plus riches que les Fabriques de nos petites paroisses. Cependant, elles ont leur autonomie financière; elles se gouvernent comme elles l'entendent.

Il ne faudrait donc pas croire que, par cela seul qu'il s'agit d'un *établissement public*, ses *deniers* doivent nécessairement être contrôlés par le Conseil de préfecture ou la Cour des comptes.

Nous ajouterons seulement, comme l'a fait observer, à juste titre, un savant jurisconsulte de Lyon, très versé dans ces questions, M. E. Richard, que nous avons parfaitement le droit de réclamer, pour nos *Fabriques*, la même liberté qu'on accorde aux *Chambres de commerce* ou aux *Caisses d'écoles*.

Nous le pouvons avec d'autant plus de raison que les *deniers fabriciens* ne ressemblent en rien aux centimes additionnels et autres *deniers publics* dont ces *établissements* sont gratifiés.

2° On a prétendu encore faire une assimilation entre les biens des *Fabriques* et les biens des *hospices* ou des *bureaux de bienfaisance*, et on a dit : puisque les uns sont soumis aux règles de la comptabilité publique, pourquoi ne pas y soumettre les autres?

Nous répondrons que l'assimilation n'est pas exacte. Il existe pour les établissements hospitaliers une raison d'agir ainsi qui n'existe pas pour les Fabriques. Les deniers des bureaux de bienfaisance doivent être distribués aux pauvres, quelle que soit leur religion, qu'ils soient juifs, protestants ou catholiques. On comprend dès lors que les règles sur la comptabilité publique viennent protéger ces biens dans l'intérêt de tous les pauvres, sans distinction de croyance.

Mais les deniers qui entrent dans la caisse de la Fabrqiue, outre qu'ils proviennent uniquement des catholiques, n'ont qu'un seul et même objet, qui n'intéresse que les partisans d'uno seule et même religion. Leur unique but, c'est l'entretien du culte catholique.

Pour savoir si ce but sera rempli, ce n'est pas l'Etat qui est compétent, c'est l'autorité ecclésiastique.

3° On a dit aussi que, parmi les biens de certaines Fabriques, se trouvaient des biens qui leur avaient été donnés par l'Etat.

Il est exact que certains biens ont été rendus par l'Etat aux Fabriques.

Un arrêté du VII thermidor an XI porte notamment que « les biens des Fabriques non aliénés, ainsi que les rentes dont elles jouissaient, seront rendus à leur destination ».

D'autres arrêtés ou décrets postérieurs ont également rendu aux Fabriques des biens ou des rentes aliénés pendant la Révolution.

Mais il convient de remarquer, d'une part, que c'était là une simple restitution, et, d'autre part, que ces biens, une fois rentrés dans le domaine de la Fabrique, sont devenus la propriété incontestable de celle-ci. En admettant même qu'il y ait eu donation de l'Etat aux Fabriques, la propriété est passée des mains du donateur aux mains des donataires. C'est la règle de toute donation : « Donner et retenir ne vaut. »

4° Nous ferons la même réponse à l'objection tirée par certains jurisconsultes du monopole des pompes funèbres, attribué aux Fabriques par les décrets du 23 prairial an XII et du 18 mai 1806. Ce monopole leur a été concédé en compensation des biens que leur avait enlevés la Révolution.

L'Etat, en agissant de la sorte, au lendemain du Concordat, se considérait lui-même comme acquittant une dette. Mais, quoi que l'on puisse dire sur ce monopole, tant qu'il existera, tant qu'il n'aura pas été supprimé par une loi nouvelle, il constituera pour les Fabriques un bien comme un autre, ayant la même nature qu'un bien restitué ou donné, c'est-à-dire devenu la propriété des établissements qui en ont bénéficié et dépourvu des caractères qui distinguent les deniers publics.

5° Enfin, nous dirons la même chose des secours pécuniaires que les Fabriques, dans certains cas, peuvent recevoir des communes.

Toutes les fois que la commune ne conserve pas elle-même la disposition ou la répartition des fonds, c'est-à-dire toutes les fois que la somme est versée dans la caisse de la Fabrique, il est incontestable, en droit, que ces fonds cessent d'être communaux. Ils deviennent immédiatement deniers de Fabrique, et, comme tels, sont régis par d'autres principes que les fonds des communes V. GAUDRY, *Cultes*, t. III, p. 354).

6° Cette dernière remarque nous amène enfin à la grande objection, à celle qui est considérée par nos adversaires comme l'objection capitale : *L'intérêt des communes.*

On dit que les communes peuvent être obligées de venir au secours des Fabriques, en cas d'insuffisance des ressources paroissiales, et qu'elles ont dès lors intérêt à en contrôler la comptabilité.

Jusqu'à la loi du 5 avril 1884, cette objection pouvait présenter une certaine force apparente, car les communes, à cette époque, pouvaient avoir à suppléer les Fabriques et à subvenir aux besoins du culte, en cas d'insuffisance de leurs revenus.

Cette solution était d'ailleurs très équitable. Mais aujourd'hui, depuis la nouvelle loi municipale de 1884, le concours des communes n'est plus obligatoire que dans deux cas seulement, prévus par l'article 136, n°s 11 et 12, à savoir : 1° Pour les grosses réparations aux édifices communaux réservés au culte (dont la commune se prétend d'ailleurs propriétaire); 2° pour l'indemnité de logement due au curé à défaut de presbytère. Il n'y a que les paroisses de la Ville de Paris qui, *en théorie d'ailleurs,* demeurent étrangères aux innovations de la nouvelle loi municipale. D'où il résulte qu'en fait la situation réciproque des communes et des Fabriques est complètement changée depuis la loi de 1884.

Or, à examiner de prés l'objection, a-t-on bien le droit d'affirmer que, même pour les deux cas strictement limités par la loi, avant les décrets sur la comptabilité des Fabriques, les communes n'étaient pas en mesure, comme on se plaît à le dire, de constater l'insuffisance réelle des ressources fabriciennes? Ce qu'on a soin de passer sous silence, ce sont les garanties légales et les moyens de contrôle que possèdent les Conseils municipaux à l'égard des Fabriques, même en dehors de l'hypothèse d'un recours financier. Ce qu'on se garde bien d'avouer, c'est qu'en diminuant les obligations des communes en matière de culte, le législateur a fortifié leur droit de contrôle, soit en matière financière sur les recettes et les dépenses fabriciennes, soit même en matière administrative. En effet, aux termes de la loi du 5 avril 1884, les Conseils municipaux reçoivent communication des budgets et comptes des Fabriques; ils ont le droit de les examiner, d'en faire le sujet d'observations au préfet, et par le préfet à l'évêque, et ils doivent même être consultés sur tous les actes importants de l'administration fabricienne, tels que projets d'aliénation, d'acquisition, d'échange, dons et legs, etc.....

A plus forte raison la commune puise-t-elle dans la loi de 1884 des garanties suffisantes pour excercer son droit de contrôle, dans le cas d'un recours de la Fabrique.

D'abord, nous ferons observer que les maires font partie de droit des Conseils de Fabrique, et que, par conséquent, ils sont à même d'être au courant de ce qui s'y passe.

Ils peuvent donc renseigner exactement les membres du Conseil municipal sur la véritable situation des finances fabriciennes.

Ensuite, a-t-on jamais contesté aux communes le droit de se refuser à l'inscription au budget municipal d'une subvention à la Fabrique, tant que celle-ci n'aurait pas prouvé l'insuffisance de ses ressources.

La loi ne confère-t-elle pas à la commune le droit d'exiger de la Fabrique, nous ne disons pas seulement des formules régulières de comptes bien tenus, mais encore, au besoin, les justifications nécessaires?

Sans doute, le trésorier de la Fabrique ne devra jamais se dessaisir, en faveur du Conseil municipal, des pièces comptables qui justifient sa gestion, mais il pourra, sur la demande des représentants de la commune, ou bien se transporter au lieu de leur réunion, ou bien se tenir à la disposition de leurs délégués, et leur donner, avec documents à l'appui, les explications utiles.

Par conséquent, avant la loi du 26 janvier 1892, les moyens de contrôle ne faisaient pas défaut aux Conseils municipaux à l'égard des Fabriques. Donc, pas n'était besoin de recourir à l'application des règles de la comptabilité publique ni d'y soumettre, sans exception, toutes les Fabriques, même celles qui n'ont à faire valoir aucun recours à la commune.

Aussi bien, en toute hypothèse, fallût-il garantir davantage encore les droits et les intérêts communaux, du moins convenait-il de respecter la vraie nature des deniers des Fabriques.

Enfin, ce n'était pas un motif pour en venir à cet effet regrettable qu'est obligé de reconnaître un des auteurs les mieux qualifiés du décret du 27 mars 1893, *séculariser* et en quelque sorte *laïciser* l'apurement de la comptabilité de ces établissements en l'attribuant aux Conseils de préfecture et à la Cour des comptes.. (*Comptabilité des Fabriques*, par M. MARQUÈS DI BRAGA, p. 34.)

DEUXIÈME PARTIE

Après avoir posé les vrais principes, tels qu'ils résultent du droit public français, comme du droit public de l'Eglise ou du droit canonique, après avoir démontré que la **QUESTION DES FABRIQUES** est une **QUESTION AU MOINS MIXTE,** et que les *deniers fabriciens* ne peuvent pas juridiquement être assimilés aux *deniers publics* ordinaires, il nous reste maintenant à tracer la **LIGNE DE CONDUITE** que devraient suivre, selon nous, les **trésoriers.**

En attendant que cet accord entre les deux pouvoirs dont parle la circulaire de S. Em. le nonce apostolique rapportée ci-dessus, et qui doit résoudre les difficultés pendantes, soit intervenu, que doivent-ils faire? Quelle résolution doivent-ils prendre aujourd'hui?

Nous n'allons pas leur conseiller la révolte contre les lois de leur pays.

Nous nous bornerons à leur dire de se renfermer dans le Concordat et dans la législation de 1809, que les nouveaux décrets n'ont pas abrogée, ainsi que nous allons en établir la preuve.

Nous venons simplement indiquer à chacun ce que nous croyons être son droit. Nous venons tracer une voie, celle qui nous paraît la plus simple et aussi la plus légale au milieu des difficultés innombrables que la pratique a déjà soulevées, mais qui vont devenir beaucoup plus pressantes désormais.

La situation faite aux Fabriques de nos Eglises par le premier décret du 27 mars 1893 était assurément déjà très inquiétante. Elle l'est devenue beaucoup plus encore depuis le dernier décret du 18 juin 1898.

Il faut reconnaître que la patience et la longanimité des catholiques n'ont servi à rien. Certains avaient espéré que le gouvernement retirerait de lui-même son premier décret, devant les difficultés de l'application. Mais, hélas! c'était une illusion aujourd'hui cruellement dissipée!

Le moment nous semble donc arrivé, cette fois, d'envisager les choses, telles qu'elles sont, de regarder le péril en face.

Les menaces de l'amende, les craintes de l'hypothèque légale, les embarras inextricables qui vont sortir de l'application du dernier Décret, surtout dans les petites paroisses, pourraient, à un moment donné, provoquer la démission de presque tous les *trésoriers*.

Si ce fait se produisait, ce serait un grand malheur pour l'Eglise de France. Si le patrimoine de nos Fabriques tombait presque partout dans les mains des *percepteurs*, ce serait, comme on l'a dit, une nouvelle *laïcisation*, et peut-être un premier pas vers une nouvelle *confiscation* des biens de l'Eglise ou, tout au moins, vers la *suppression du budget des Cultes*.

Le moment est donc venu de chercher un remède à cette situation.

Nous allons indiquer celui qui nous paraît le plus efficace et le plus pratique.

Nous considérons d'abord que le devoir strict des *trésoriers* est d'adresser directement leurs comptes avec les budgets et pièces justificatives à l'Evêché ou à l'Archevêché, et non pas directement aux Conseils de Préfecture ou à la Cour des Comptes.

Nous pensons qu'ils sont dans une situation, sinon tout à fait semblable, du moins analogue à celle des percepteurs qui doivent adresser toutes leurs pièces à leur chef hiérarchique, c'est-à-dire au receveur des Finances, et qui se gardent bien, dans la pratique, de les adresser aux Conseils de préfecture.

Cette manière d'agir est la seule régulière, la seule conforme aux textes des Décrets et des Lois. Cela ressort notamment du Décret du 30 décembre 1809, qui est toujours en vigueur et constitue le véritable Code des Fabriques. L'article 87 de ce Décret nous rappelle, en effet, les droits de l'Evêque sur les comptes et les budgets.

Cela résulte aussi des nouveaux Décrets et même de l'Instruction ministérielle du 15 décembre 1893, qui nous montrent toujours les dossiers transmis *par l'intermédiaire de l'évêché,* (art. 9 et 10 du Décret du 27 mars 1893 et art. 26 de l'Instruction ministérielle du 15 décembre 1893) (1).

Pourquoi procède-t-on de cette manière? Parce qu'il faut toujours suivre, en matière administrative, la filière hiérarchique, parce que l'Evêque est le supérieur naturel de la Fabrique. Et si les choses se passent ainsi, d'après les textes précités, quand le percepteur est comptable, à plus forte raison en est-il de même, quand c'est le trésorier qui en exerce les fonctions. Le trésorier fait partie de la Fabrique, et son supérieur hiérarchique, comme à tous les autres membres de la Fabrique, est naturellement l'Evêque.

On objectera peut-être l'article 38 de l'Instruction ministérielle du 15 décembre 1893 aux termes duquel :

« Le compte de gestion du comptable est établi en quatre expéditions destinées au Conseil de Fabrique, à l'Evêque, à la Mairie et à l'autorité chargée de juger les comptes. » Et l'article 39 qui ajoute : « Le compte de gestion est adressé avec toutes les pièces justificatives au greffe de la Cour des Comptes ou du Conseil de Préfecture avant le 1er juillet de l'année qui suit celle à laquelle le compte est rendu. »

La réponse est très simple. Oui, sans doute, l'Instruction ministérielle nous dit qu'il faut quatre exemplaires du compte de gestion et que le quatrième doit être envoyé à la Juridiction chargée de le juger. Mais comment et par quelle voie sera-t-il transmis?

Il le sera par la voie régulière et ordinaire, « par l'intermédiaire de l'Evêché », du moment où l'article 39 ne dit pas le contraire et garde le silence. Que si l'on veut d'ailleurs un texte formel, nous en avons un dans un autre article de la même Instruction ministérielle, dans l'article 26 (2).

---

(1) Art. 9 du Décret du 27 mars 1893 : « Lorsque le trésorier de la Fabrique n'est pas chargé des fonctions de comptable et lorsque la Fabrique n'a pas désigné un receveur spécial, le préfet assure, de concert avec le trésorier-payeur général, la remise du service au percepteur.

» Pour l'exécution de cette disposition, **le préfet reçoit de l'Evêque** avant le 1er octobre de chaque année, l'état nominatif des trésoriers et des receveurs spéciaux appelés à assurer la gestion des deniers des Fabriques pendant l'année suivante...... »

Art. 10 : « Lorsque les fonctions de comptable de Fabrique sont remplies par un percepteur, *les titres de recettes, les budgets, chapitres additionnels et autorisations spéciales de dépenses lui sont transmis* **par l'intermédiaire de l'évêque,** du préfet et du receveur des finances. »

(2) Art. 26 de la Circulaire ministérielle du 15 décembre 1893, sur la Comptabilité des Fabriques : « Le comptable de la Fabrique remet au président du bureau des Marguilliers, à la fin de chaque trimestre, comme

C'est qu'il existe, en effet, une raison qui justifie cette procédure et qui domine toute cette matière. C'est que l'évêque, lui aussi, est **juge des comptes**, et il est logique de faire passer sous ses yeux toutes les pièces, même les *bordereaux trimestriels*, pour le mettre au courant de la situation financière. C'est que le Décret du 30 décembre 1809, art. 87, lui donne un pouvoir de contrôle sur le *compte annuel* et le droit « en cours de visite, de se faire *représenter tous comptes, registres et inventaires et vérifier l'état de la caisse* ».

C'est que le nouveau Décret du 27 mars 1893 a reconnu lui-même tous ces principes dans la partie finale de son article 13, ainsi conçue : « **sans préjudice du droit que tient l'évêque de l'article 87 du Décret du 30 décembre 1809.** »

Voilà, selon nous, la vraie raison pour laquelle toutes les pièces doivent passer par les mains de l'Evêque, avant d'arriver soit au receveur des Finances, soit au Conseil de Préfecture, soit à la Cour des Comptes.

S'il en est ainsi, nous considérerons que le trésorier qui a transmis ses comptes hiérarchiquement ne peut être déclaré en retard et que, par suite, il ne peut être *équitablement* frappé d'amende. Nous pensons qu'aucun reproche ne saurait lui être adressé par personne, que si on venait lui réclamer directement ses comptes, il pourrait alors se retrancher derrière les textes ci-dessus, et répondre qu'il a transmis son dossier à son supérieur hiérarchique, en produisant à l'appui son récépissé.

Nous allons maintenant supposer que tous ces comptes restent déposés à l'Evêché, jusqu'à ce que la question ait été résolue d'un commun accord avec le gouvernement, et nous demander quelles conséquences fâcheuses pourraient en résulter pour les trésoriers, durant cette attente.

document servant à contrôler et à suivre les diverses opérations qu'il effectue, un bordereau de situation qui présente, par exercice, les sommes à recouvrer et à dépenser, ainsi que le montant des recouvrements et des payements effectués sur chaque article du Budget et qui fait ressortir l'encaisse à la fin du trimestre, avec la distinction du numéraire immédiatement disponible et des fonds placés en compte-courant au Trésor. Les chiffres à porter sur ce bordereau sont extraits du livre de détail. Pour les Fabriques peu importantes, le bordereau peut être réduit aux seuls développements nécessaires pour donner à l'ordonnateur une connaissance exacte de la situation des crédits ouverts à chaque article du budget.

Lorsque le comptable de la Fabrique est un percepteur, le bordereau trimestriel qui sera toujours établi dans la forme prescrite par le § 1er du présent article est, après examen et visa de l'ordonnateur, envoyé au receveur des Finances, par l'intermédiaire de l'évêché.

Les Conseils de Préfecture, n'ayant pas les comptes entre les mains, ne pourraient évidemment ni les approuver ni les rejeter. Nous estimons qu'ils ne pourraient pas davantage condamner équitablement à l'amende le trésorier dans ce cas, puisqu'il aurait transmis ses pièces à son supérieur naturel qui est l'évêque. Il n'aurait fait que se conformer à la règle indiquée par les décrets eux-mêmes.

Mais allons plus loin et supposons, pour mettre les choses au pire, que tous les Conseils de Préfecture condamnent à l'amende tous les trésoriers de Fabrique, les considérant tous comme étant en retard. Admettons pour un instant que tous les tribunaux administratifs s'accordent pour répondre : « Nous ne connaissons ni l'Evêque ni l'Archevêque, lorsqu'il s'agit du jugement des comptes. Nous ne connaissons que les trésoriers, et s'ils ne produisent pas leurs pièces dans le délai fixé par la Loi, nous les condamnerons à l'amende ».

Soit, envisageons cette éventualité.

L'application de cette peine de l'amende dans ces conditions nous apparaît alors comme presque impossible pour deux motifs : 1º parce que cette amende est prononcée au profit de la Fabrique, et 2º parce que les Conseils de Fabrique et l'Evêque pourraient, à notre avis, se refuser à la recevoir en ne l'inscrivant pas au budget.

1º Et d'abord nous trouvons ce principe que l'amende est prononcée au profit de la Fabrique dans la nouvelle Circulaire du Ministre des Cultes lui-même, en date du 23 juin 1898, qui le rappelle dans les termes suivants : « En effet, ainsi que l'a fait remarquer le Conseil d'Etat au cours de sa délibération, **l'amende étant une recette de la Fabrique, etc..... »**

Il ne saurait donc y avoir aucun doute sur ce premier point.

2º Nous ajoutons que du moment où cette amende est une recette de la Fabrique, elle doit naturellement figurer dans son Budget au chapitre des Recettes. Or, tout le monde sait que le Budget, soit au moment de sa formation, soit en cours d'exercice, doit être soumis à l'approbation de l'Evêque, qui peut modifier, s'il le juge à propos, les *Recettes* et les *Dépenses*.

C'est ce que nous rappelle M. Marquès di Braga lui-même.

Le Budget, nous dit-il, est envoyé après le vote de la Fabrique à l'Evêque qui approuve, **après y avoir apporté les changements qu'il juge convenables.** (Décret du 30 décembre 1809, art. 47.)

Puis cet auteur ajoute :

Cette approbation est nécessaire pour rendre le budget exécutoire. (*Comptabilité des Fabriques*, par MARQUÈS DI BRAGA, p. 28.)

Il résulte de là que si l'Evêque n'inscrivait pas au Budget, parmi les recettes, l'amende en question, nous nous demandons ce que pourrait bien faire l'Administration?

Que deviendraient alors dans cette hypothèse toutes les amendes prononcées par les Conseils de Préfecture et la Cour des Comptes, si elles ne peuvent être prononcées qu'au profit de la Fabrique, et si l'approbation de l'Evêque est **indispensable** pour que le Budget des Recettes devienne exécutoire?

Comment l'Administration sortirait-elle de cette impasse?

Enfin, nous serions porté à tenir le même langage au sujet de l'intervention du *percepteur* ou des *commis d'office* chargés par les nouveaux Décrets de pourvoir à la reddition des comptes, en cas de résistance.

Nous savons bien que le nouveau décret du 18 juin 1898, art. 1er, § 3, a prévu le cas et s'efforce d'y apporter un remède. Mais voyons si ce remède est efficace.

Voici comment s'exprime le texte du nouveau décret :

« Si, en cas de condamnation à l'amende pour retard dans la présentation de leurs comptes, les trésoriers et receveurs spéciaux ne les ont pas produits dans le délai d'un mois, à partir de la notification de la décision du juge des comptes, ils sont de plein droit relevés de leurs fonctions de comptables, à l'expiration de ce délai, et remplacés dans lesdites fonctions par le *percepteur* des contributions directes auquel **le service est remis** de la manière prévue à l'article 9. »

Le décret nous dit donc que les trésoriers, dans ce cas, seront remplacés de plein droit par le *percepteur*, auquel **le service est remis de la manière prévue à l'article 9**. Or, il résulte de cet article 9, que nous avons reproduit et commenté ci-dessus, (Voir p. 16.) que pour la transmission des pièces nécessaires au service, c'est le préfet *qui les reçoit de l'évêque* et les fait parvenir au percepteur par le trésorier payeur-général.

Mais qu'arrivera-t-il si l'évêque croit devoir se refuser à remplir ce rôle *d'intermédiaire*, surtout dans des conditions semblables?

Comment les percepteurs pourront-ils exercer leurs fonctions de comptables, s'ils n'ont pas les pièces nécessaires et si l'administration elle-même se trouve dans l'impossibilité absolue de leur faire **la remise du service** comme le prescrit l'acticle 9?

On nous objectera sans doute que les percepteurs pourront, du moins, poursuivre le payement de l'amende prononcée au nom de la Fabrique, s'ils ne peuvent pas faire autre chose.

Mais nous répondrons que cette affirmation nous paraît très contestable, puisque tout le monde est d'accord, aussi bien le Conseil d'Etat que le ministre lui-même, pour reconnaître que *l'amende est prononcée au profit de la Fabrique.* Il nous paraît résulter de là que cette amende ne peut être poursuivie et recouvrée que par un **mandataire** de la Fabrique, par quelqu'un qui la représente. Il est évident que ni l'Etat, ni personne autre que la Fabrique ne peuvent y prétendre. Il faut donc que le percepteur puisse se dire **comptable** de la Fabrique et successeur de l'ancien trésorier pour opérer ce recouvrement; il faut qu'il puisse se dire **mandataire** de la Fabrique elle-même : car la Fabrique est créancière de l'amende et c'est en son nom qu'il s'agit de poursuivre le payement.

D'un autre côté, comme le percepteur ne peut recevoir que par **l'intermédiaire de l'évêque** et de ses chefs hiérarchiques toutes les pièces qui lui permettraient de représenter la Fabrique et d'exercer ses nouvelles fonctions de **comptable,** nous estimons qu'il ne pourra rien faire tant que cette transmission n'aura pas eu lieu.

On nous dira peut-être : Qu'importe cette transmission? Du moment où le percepteur a dans les mains l'arrêté du Conseil de préfecture ou l'arrêt de la Cour des comptes portant condamnation à l'amende, c'est-à-dire le *titre exécutoire,* cela suffit; il n'a pas besoin d'autre chose.

Nous répondrons encore : Non; la possession du *titre exécutoire* ne suffit pas pour lui donner qualité.

Lorsqu'un jugement a été rendu à mon profit, me permettant de faire saisir les biens de quelqu'un, croyez-vous donc que le premier venu pourra prendre en main ce titre exécutoire et faire pratiquer une saisie? Non assurément; il n'y a que le créancier ou son mandataire qui aura qualité pour agir.

Il existe enfin une dernière objection que nous voulons aussi prévoir et qui consisterait à dire : Lorsque le percepteur est chargé de recouvrer une amende ordinaire, il faut distinguer entre l'attribution et le recouvrement de cette amende. L'attribution est une question secondaire qui sera résolue plus tard, mais qui ne saurait faire obstacle au droit qu'a le percepteur de commencer par faire rentrer la somme due dans sa caisse. En d'autres termes, le recouvrement des amendes peut toujours se faire par le *percepteur* agissant en sa qualité de *percepteur;* quant à l'attribution ou à la répartition, on verra plus tard, s'il y a lieu.

Nous prendrons notre réponse à cette objection dans la circulaire même du ministre des Cultes du 23 juin 1898, et cette réponse nous paraît péremptoire.

Ce n'est pas du tout par le percepteur agissant, comme *percepteur,* mais bien comme **comptable** de la Fabrique, que le recouvrement de l'amende pourra s'effectuer.

Voici, en effet, dans quels termes s'exprime le ministre lui-même dans sa circulaire : « Ainsi que l'a fait remarquer le Conseil d'Etat, au cours de sa délibération, *l'amende étant une recette de la Fabrique*, le soin de la **recouvrer** incombe nécessairement au percepteur en vertu des articles des règlements du 27 mars 1893, qui portent que le **comptable** est chargé **seul** et sous sa responsabilité de faire toutes diligences *pour assurer la rentrée des sommes dues à l'Etablissement ecclésiastique.* »

C'est donc bien comme **comptable** de la Fabrique, et non pas comme *percepteur* que ce dernier peut agir, et le comptable est chargé **seul** de faire rentrer les sommes dues à l'établissement ecclésiastique. Nous en prenons à témoin le ministre des Cultes lui-même.

Il n'y a donc pas à distinguer ici, quand il s'agit d'amendes prononcées au profit de la Fabrique, entre le recouvrement et l'attribution.

Et nous comprenons très bien pourquoi le Ministre a tenu le langage que nous venons de rapporter; cela nous paraît logique et naturel.

En effet, cette distinction entre le recouvrement et l'attribution s'explique naturellement pour les amendes ordinaires prononcées au profit de l'Etat, des départements, des communes, des hospices ou bureaux de bienfaisance, parce que le percepteur représente effectivement ces personnes morales, parce que sa caisse peut être considérée comme leur propre caisse.

Mais lorsqu'il s'agit d'une amende prononcée au profit de la Fabrique, le percepteur ne peut la *recouvrer*, qu'autant qu'il est devenu le **mandataire**, le **comptable** de la Fabrique, et qu'il est en mesure d'en exercer les fonctions. Supposez, en effet, que le conseil de Fabrique, comme c'est toujours son droit, ait désigné un autre marguillier pour remplacer un trésorier négligent qui s'est livré à des malversations et qui a encouru des amendes; n'est-il pas évident que ce nouveau marguillier-trésorier aura qualité pour intervenir lui-même et recouvrer lesdites amendes comme recettes de la Fabrique? N'est-il pas évident que le percepteur devra s'effacer devant lui, comme devant le mandataire attitré de la Fabrique?

Encore une fois, nous comprenons très bien qu'il en soit autrement pour les amendes ordinaires prononcées au profit de l'Etat, des départements, etc.

Le percepteur peut toujours les faire rentrer, sauf à les répartir, à les attribuer plus tard, suivant le droit de chacun, parce qu'il est, en effet, le mandataire de ces diverses personnes morales.

Mais, pour faire rentrer dans la caisse de la Fabrique l'amende prononcée au profit de celle-ci, il ne peut agir que çomme mandataire de celle-ci. Admettre le contraire, ce serait faire tomber l'amende dans la caisse de l'Etat, ce qui serait vraiment inadmissible.

En d'autres termes, si le nouveau décret du 18 juin 1898 charge le percepteur de poursuivre l'amende et de prendre inscription de l'hypothèque légale, c'est parce qu'il le suppose devenu **comptable** et successeur de l'ancien trésorier. C'est rationnel, c'est logique.

Mais si vous supposez que, par suite du refus de l'évêque de lui transmettre les pièces, le percepteur se trouve dans l'impossibilité d'exercer ses fonctions, ne se verra-t-il pas réduit à l'impuissance?

Toutefois, nous voulons prévoir même les choses qui nous paraissent impossibles ou contraires à la logique.

Nous allons donc nous placer maintenant en face de décisions rendues par les Conseils de préfecture ou la Cour des comptes prononçant des amendes, et nous allons supposer que les percepteurs en poursuivent le payement par des **saisies** pratiquées sur les biens des trésoriers.

Que devrait-on faire en pareil cas? A quelle procédure devrait-on recourir pour se défendre? C'est ici que nous appelons encore particulièrement l'attention.

Les trésoriers n'auraient qu'à former **OPPOSITION** à la **saisie**, et l'affaire se trouverait alors portée devant les **TRIBUNAUX CIVILS** qui auraient seuls qualité pour la juger, en ordonner la main levée ou en prononcer la nullité.

Ils établiraient leur bonne foi par la production du *récépissé* de l'évêque et prouveraient qu'ils ont transmis leurs comptes à leur chef hiérarchique, conformément à la règle administrative (1). Mais ce n'est pas tout.

Cette manière de procéder aurait encore un autre avantage. Elle permettrait d'élargir et d'élever le débat.

---

(1) Ce *récépissé* pourrait être ainsi conçu :
Le vicaire général soussigné certifie avoir reçu de M. le trésorier de la Fabrique de   le dépôt de son compte de gestion avec les pièces justificatives pour l'exercice 189..., à l'effet de permettre à l'autorité diocésaine d'exercer le droit de contrôle qui lui appartient d'après les lois canoniques et d'après le Décret du 30 décembre 1809.
Le présent *récépissé* lui est délivré à titre de décharge, pour servir et valoir ce que de droit.

Fait à   le   pour l'évêque,
Le vicaire général.

Pour justifier la demande en nullité de la saisie, elle permettrait de soutenir et de plaider, non plus devant les *tribunaux administratifs*, mais devant les *tribunaux civils*, l'**ILLEGALITE** même des décrets, car ces décrets ont outrepassé la délégation législative.

En attribuant, par exemple, aux *percepteurs* les fonctions de **comptables** des Fabriques, ils ont dépassé la mesure.

La loi de Finances du 26 janvier 1892 qui leur traçait la limite n'allait pas jusque-là.

Pour s'en convaincre, il suffit de se reporter simplement au *Journal officiel*.

L'auteur de la proposition de loi, M. César Duval, invité à en donner le commentaire, a déclaré expressément qu'il ne proposait « aucune modification dans le *fonctionnement* des Conseils de Fabrique ». Et il a ajouté : « Je demande simplement que les **trésoriers** exercent leurs fonctions d'une manière régulière, qu'ils tiennent une comptabilité qu'on puisse contrôler, ce qui, actuellement, n'est pas possible; enfin, que l'on sache à quoi s'en tenir sur les ressources des Fabriques et Consistoires et sur l'emploi qu'on en fait. *(Journal officiel* du 16 décembre 1891.)

Voilà quelle fut la pensée du législateur en votant la loi de 1892.

Et pour qu'il ne reste pas le moindre doute à cet égard, il suffit de rappeler encore ces paroles de M. Fallières, garde des Sceaux et ministre des Cultes, au Sénat, dans la séance du 9 janvier 1892 :

« L'honorable M. Lucien Brun, dit-il, semble croire que si cet article venait à être voté, la législation de 1809 sur les Fabriques serait profondément modifiée. **Il n'en est rien, « et, si cette conséquence était possible, je me joindrais à lui pour demander le rejet de la disposition. Ce n'est pas, en effet, par voie de prétérition qu'on peut abroger les dispositions formelles de la loi de 1809 ».** *(Journal officiel* du 10 janvier 1892.

Il résulte de là, avec la dernière évidence, que le **fonctionnement** et la **composition** des Conseils de Fabriques restent régis par la législation de 1809.

S'il en est ainsi, le Conseil d'Etat, en introduisant un rouage nouveau dans le *fonctionnement* des Conseils de Fabriques, en remettant aux *percepteurs*, dans certains cas, *les fonctions de comptables*, a dépassé la limite de son pouvoir règlementaire. Il a outrepassé la délégation législative, ce qu'il ne doit jamais faire.

Tout décret, ou plus généralement toute disposition règlementaire qui va au-delà de la loi, au-delà de la délégation législative, est dépourvue de valeur juridique et n'oblige plus personne. Son *illégalité* peut être opposée devant **tous les tribunaux.**

Nous en appelons au témoignage du vice-président du Conseil d'Etat lui-même, M. Laferrière, qui s'exprime ainsi dans son *Traité de la juridiction administrative :*

« Si nous écartons toute idée d'un recours direct contre les règlements d'administration publique faits en vertu d'une délégation législative, *nous n'hésitons pas à penser*, dit-il, que **les tribunaux** ont le droit de vérifier leur existence légale et leur force obligatoire. Si donc un de ces règlements était nul en la forme, comme n'ayant pas été délibéré par l'assemblée générale du Conseil d'Etat, ou bien **s'il édictait des dispositions législatives outrepassant la délégation, le juge pourrait refuser de l'appliquer en tout ou en partie.** » (*Traité de la juridiction administrative*, t. II, p. 11.)

Et si ce témoignage ne suffit pas, nous en invoquerons un autre, celui de M. le conseiller d'État Béquet, tout aussi catégorique que le précédent :

« A la différence des véritables lois, dit-il, un décret-loi, un décret règlementaire peut être l'objet de la part de **tous tribunaux** d'un examen critique en la *forme* et au *fond*. Le pouvoir législatif du chef du pouvoir exécutif n'est qu'un pouvoir délégué ; si la délégation ne lui a pas été remise en vertu d'une loi, soit générale, soit spéciale, le décret n'a pas d'autorité législative, et aucune sanction ne lui est attachée. De même, si le président de la République n'a pas exercé son pouvoir de délégation dans les formes prévues par la législation.

» Mais que l'on nous comprenne bien : aucun tribunal n'a le pouvoir de se saisir de l'appréciation de la valeur légale du décret ; le droit de remontrance et d'enregistrement n'existe plus aujourd'hui ; mais si, agissant en vertu des dispositions d'un décret entaché d'un vice, le gouvernement, l'administration, le ministère public ou un particulier veulent poursuivre l'exécution d'une de ces dispositions, **les tribunaux peuvent se refuser à l'appliquer :** ils ne peuvent annuler le décret, bien qu'illégal, mais ils peuvent décider qu'étant illégal **il ne saurait avoir une sanction judiciaire à l'égard de l'individu contre lequel une poursuite civile ou criminelle est engagée.** » (*Répertoire du droit administratif*, t. VIII. V°. *Contentieux administratif*, n° 280 et s.)

Voilà le langage que nos *Trésoriers de Fabrique* pourraient s'approprier pour se soustraire à *l'amende* et faire annuler la *saisie* du percepteur, si celui-ci ne craignait pas d'aller jusque-là.

Et remarquez que, dans ce cas, ils n'auraient à craindre aucun *arrêté de conflit*. C'est ce qui résulte également des citations précédentes.

Mais nous voulons surtout appeler l'attention de nos trésoriers sur ce fait qu'ils pourraient développer et faire valoir ces divers moyens de défense, même celui de **l'illégalité des décrets,** devant les **tribunaux civils,** et non plus devant les *tribunaux administratifs.*

Il y aurait donc, selon nous, dans cette manière de procéder, un incontestable avantage. Le terrain sur lequel s'engagerait la lutte, en supposant qu'on doive en arriver là, serait beaucoup plus favorable. Chacun sait que les tribunaux civils sont les défenseurs naturels de nos droits et de nos biens comme de nos libertés. Et si des recours devenaient nécessaires, ils s'adresseraient à la **Cour de Cassation,** qui est la gardienne des principes de droit, et non plus au Conseil d'Etat, qui serait tenté peut-être de défendre son œuvre en défendant les décrets.

Ne pourrait-on pas alors invoquer, avec des chances sérieuses de succès, toutes les raisons indiquées ci-dessus et beaucoup d'autres que les *Conseils* de chaque trésorier sauraient suggérer? Ne pourrait-on pas notamment soutenir, avec MM. Aubry et Rau, dont l'autorité est toujours si grande devant nos **Tribunaux civils,** ce principe fondamental que les deniers fabriciens ne sont pas des *deniers publics,* et que, par suite, ils ne sauraient être soumis aux règles de la comptabilité publique. (V. *supra, loc. cit.*)

En se plaçant sur ce terrain et en défendant ces principes, nos trésoriers de Fabrique rendraient à l'Eglise le plus grand de tous les services. Ils sauvegarderaient ses droits sur les biens dont la garde leur a été confiée. Ils défendraient en même temps leur titre personnel et leur fonction de *marguillier comptable* contre l'intrusion d'un étranger, du percepteur.

Ils éviteraient à l'Eglise de France ce malheur de la **laïcisation des Fabriques** que semblait prévoir le cardinal de Paris dans sa lettre au ministre du 12 juillet 1893, lorsqu'il signalait **l'Etat légiférant seul sur les matières mixtes et faisant gérer les biens de l'Eglise par des hommes qui peuvent lui être étrangers ou même hostiles.**

CONCLUSION

Nous espérons avoir démontré que la **Question des Fabriques** est une **question au moins mixte** et que les *deniers fabriciens* ne sont pas des *deniers publics*. Dès lors, le prétexte invoqué pour les soumettre aux règles de la *comptabilité publique* n'existe pas.

Si l'on veut absolument que ce soient des *deniers publics*, nous dirons qu'ils sont d'une nature spéciale, d'une nature *ecclésiastique* ou, mieux encore, d'une **nature mixte**, selon l'expression consacrée.

La conséquence qui en résulte, c'est qu'ils ne peuvent être réglementés que d'un commun accord entre l'*autorité civile* et l'*autorité ecclésiastique*.

Tel est d'abord, à notre avis, le vrai terrain sur lequel doivent se placer tous les catholiques.

Il a pu arriver, que quelques-uns de NN. SS. les évêques aient laissé les trésoriers de Fabrique libres d'agir à leur convenance et de transmettre ou non leurs comptes à l'autorité administrative.

Tout en admettant cette ligne de conduite, beaucoup de ces trésoriers résistent avec raison, par les voies légales, à des exigences dont nous venons d'établir le mal fondé, et, sur certains points, cette résistance a été couronnée de succès.

Sur d'autres points, des procès nombreux sont encore actuellement pendants. Il va sans dire que nous rendons hommage aux vaillants défenseurs du droit qui les ont engagés et que nous formons les vœux les plus ardents pour leur triomphe final.

Mais quelle que soit l'issue de cette lutte juridique, il est essentiel de remonter à la source même du mal, l'assimilation erronée entre les deniers du culte et les deniers publics civils. Tant que ce faux principe restera inscrit dans nos lois, nous n'aurons rien gagné, nous n'aurons rien à espérer. Ce qu'un ministère modéré ou un recours administratif pourrait nous accorder aujourd'hui, un autre pourrait nous le reprendre demain. Le décret de 1898 en est la preuve éclatante, puisqu'il n'est venu précisément que pour combler les lacunes du décret de 1893 et en aggraver la portée. Qui nous garantit qu'un troisième décret ne viendra pas plus tard étendre aux Fabriques les autres règles de la comptabilité qu'on veut bien leur épargner encore jusqu'à présent? C'est donc au principe même qu'il faut s'attaquer. Nous ne pouvons pas admettre que l'Etat, qui se dit neutre ou indifférent, s'occupe *exclusivement*, et sans consulter NN. SS. les Evêques, de deniers qui ont une origine et un but essentiellement catholiques. Le patrimoine de nos Fabriques est un patrimoine sacré. Si nous laissons l'Etat étendre sur lui sa lourde main, ne fût-ce qu'à titre de contrôle, c'en est fait de l'avenir ; il ne la retirera jamais.

Nous estimons, comme notre éminent collègue des *Facultés catholiques* de Lille, M. C. Groussau, que la situation de l'Eglise, au point de vue qui nous occupe, n'a jamais été plus grave. Nous pensons comme lui que l'**Etat organise en ce moment la conquête des Finances de nos Fabriques.** Comme lui nous craignons, hélas! **que tout soit prêt pour mettre prochainement leur comptabilité entre les mains des percepteurs.** (V. *Revue administrative du culte catholique,* année 1898, pp. 161, 226, 257.)

Après avoir établi ce premier point, nous avons ensuite essayé de prouver que les **trésoriers** qui déposeraient leurs comptes avec pièces justificatives à l'évêché et qui consentiraient à les y laisser jusqu'à la solution des difficultés actuelles, pourraient se considérer comme ayant rempli **tous leurs devoirs.**

Que reprocher en effet à un trésorier qui exerce des fonctions **gratuites** et qui vient dire : J'ai transmis mes pièces à mon chef hiérarchique; j'ai observé la règle administrative.

Cette manière d'agir sauvegarde les droits de l'Eglise, les droits de l'évêque. Elle lui procure le moyen d'exercer son contrôle sur les comptes. Elle permet d'appliquer l'article 87 du décret du 30 décembre 1809 qui lui donne ce contrôle sur le **compte annuel.** Le Conseil d'Etat lui-même l'a reconnu dans son récent arrêt du 11 février 1898 rapporté ci-dessus (page 9).

Admettre une solution contraire serait proclamer que le droit de l'évêque est illusoire.

Le ministre des Cultes, M. Dupuy, dans sa lettre aux Evêques en date du 30 mars 1893, qui avait pour objet de leur notifier le nouveau décret, leur disait en terminant que ce décret *ne portait aucune atteinte aux droits reconnus aux Evêques à l'égard des Fabriques.*

Le gouvernement ne saurait donc méconnaître lui-même ces droits.

Il a d'ailleurs tout intérêt à s'entendre avec l'autorité épiscopale sur cette grave question qui peut lui susciter dans chaque commune de France des embarras inextricables.

En effet :

Malgré les affirmations contraires produites devant la Chambre, ceux qui sont au courant de ces questions savent que les nouveaux décrets n'ont été appliqués et observés *ponctuellement* jusqu'ici presque nulle part. S'il y a 40 000 Fabriques en France, il y en a plus de 35 000 dans lesquelles ils sont en effet inapplicables. Il y a des paroisses pauvres qui n'ont pas 50 francs de revenu et qui seraient dans l'impossibilité d'acheter tous les registres et imprimés prescrits par les Instructions ministérielles, sans nuire au service de l'église.

Il y en a qui n'ont aucunes ressources et dans lesquelles les desservants fournissent eux-mêmes ce qui est nécessaire pour l'exercice du culte.

On a parlé devant la Chambre de 17 000 dossiers qui auraient été, par un sentiment de déférence, transmis aux Conseils de Préfecture, et on a prétendu démontrer par là que la Loi nouvelle entrait déjà en application d'une manière satisfaisante. Mais on a oublié de nous dire, sur ces 17 000 dossiers, combien il y en avait qui eussent satisfait complètement à la Loi. Nous connaissons tels et tels diocèses dans lesquels les comptes ont été retournés aux Fabriques sans avoir été apurés; et cependant nous les voyons figurer dans la statistique comme ayant satisfait à la Loi. C'est qu'en effet ces décrets sont absolument inapplicables, surtout dans l'immense majorité des paroisses rurales.

Enfin, cette manière d'agir aurait, à nos yeux, le très grand avantage de garder les choses en l'état et de réserver l'avenir, tandis que l'application pure et simple des décrets le compromettrait irrémédiablement. Les trésoriers, effrayés par les exigences d'une législation draconienne, donneraient peut-être en masse leur démission dans la plupart des petites paroisses.

Au contraire, dans l'attitude que nous proposons, les trésoriers se sentiraient rassurés par l'autorité paternelle de leur Evêque. qui est le **juge naturel des comptes.**

Ils reprendraient confiance et ils tiendraient à honneur de garder leurs fonctions pour le plus grand bien de l'Eglise de France.

La résistance légale leur serait facile, s'ils le voulaient, car ils pourraient trouver un point d'appui solide et un encouragement dans chaque paroisse où les fabriciens représentent généralement l'élite des catholiques.

Jamais terrain plus favorable et mieux disposé pour la défense des droits de chacun ne s'offrit à tous. Ce n'est pas seulement sur quelques points du territoire que cette résistance par les voies légales pourrait s'organiser. C'est dans chaque commune de France, partout où se rencontrent des fidèles groupés autour d'un clocher.

Au lieu de cela, si les **trésoriers** se soumettent, c'est leur démission plus ou moins prochaine ou leur remplacement par les **percepteurs.**

Ajoutons enfin, pour terminer, que ceux qui défendraient ainsi les droits de leur évêque sur les comptes se conformeraient au *droit public de l'Eglise et à ses prescriptions canoniques,* ce qui ne doit pas être indifférent à des Fabriciens.

Nous voudrions qu'ils eussent constamment sous les yeux ces graves et belles paroles du cardinal de Paris s'adressant au ministre, dans sa lettre du 12 juillet 1893, au lendemain de l'apparition du *premier Décret :*

Il semble qu'on ait oublié, en le rédigeant, de tenir compte du DROIT PUBLIC DE L'EGLISE ET DES PRESCRIPTIONS CANONIQUES. C'est là ce qui en fait le vice radical.

En effet, il a toujours été reconnu que l'administration des biens de l'Eglise appartient aux évêques. Sans doute, dans les matières mixtes, on se trouve souvent en présence des droits légitimes qui appartiennent au pouvoir civil. L'Eglise ne s'est jamais refusée à se mettre d'accord avec l'Etat en contractant des conventions où en participant à des mesures législatives qui sauvegarderaient les droits et les intérêts des deux pouvoirs.

L'oubli de ces principes a toujours amené le trouble dans les rapports entre l'Eglise et l'Etat. Nous en avons un exemple trop célèbre dans l'Eglise de France à la fin du dernier siècle. Le pouvoir civil voulut légiférer seul sur l'organisation ecclésiastique en alléguant qu'il ne touchait pas à la juridiction spirituelle, mais se bornait à faire des règlements sur des matières mixtes. De cette doctrine erronée sortit la CONSTITUTION CIVILE DU CLERGÉ.....

Que tous les trésoriers de nos Fabriques s'inspirent de ces graves et prophétiques paroles : elles seront comme la CONCLUSION de ce travail et lui donneront toute sa force.

Nous redisons donc, à notre tour, à ces **trésoriers,** pour résumer tout ce qui précède :

1º Qu'ils rentrent **dans la règle canonique et dans le** droit public de l'Eglise et qu'ils **transmettent hiérarchiquement leurs comptes à leur évêque** pour lui permettre d'exercer **ses droits** (V. p. 4, 9, 15, 17, 29);

2º Qu'ils attendent ensuite qu'un accord soit intervenu entre les deux pouvoirs sur cette **question au moins mixte,** selon la circulaire du Nonce apostolique et qu'ils se retranchent derrière le **Concordat** et la **Législation de 1809** toujours en vigueur; si le *percepteur* vient leur réclamer les *budgets et les comptes,* qu'ils lui opposent le *récépissé* de l'Evêché et qu'ils dé-

fendent leur *titre* et leurs *droits* de **marguilliers-trésoriers**
conformément aux lois rappelées ci-dessus (V. p. 17, 19, 22);
3° Et qu'ils s'en remettent à **Dieu** pour le reste.

Délibéré à Paris, le 12 juillet 1898.

JULES JAMET,
Avocat à la Cour d'Appel de Paris,
Docteur en droit,
Professeur de Législation des Cultes à l'Institut catholique.

ADHÉSION DU COMITÉ

DES JURISCONSULTES CATHOLIQUES DE PARIS

Le Comité des juriconsultes catholiques, consulté au sujet des
difficultés que ne manquera pas de soulever l'application du
récent décret du 18 juin 1898 sur la comptabilité des Fabriques,
a pris connaissance de la consultation délibérée en date du
12 juillet 1898 par l'un de ses membres, M. Jules Jamet, avocat
à la Cour d'appel, docteur en droit, professeur de législation des
cultes à l'Institut catholique de Paris.

**Le Comité déclare adhérer pleinement et sans réserves
aux conclusions de cette consultation.**

Au point de vue du droit, le Comité reconnaît la gravité des
objections que l'on peut élever contre la légalité des décrets et
apprécie hautement la valeur des conseils donnés aux trésoriers
de Fabrique en vue d'une résistance par les voies légales. Mais
il estime qu'il faut chercher la source du mal dans le faux principe que l'article 78 de la loi du 26 janvier 1892 a introduit
subrepticement dans notre législation. Assimiler les deniers
des Fabriques à des *deniers publics* est, en effet, une erreur
capitale.

A aucun titre, soit que l'on considère leur origine, soit que
l'on envisage leur destination juridique ou leur mode de recouvrement, on n'est en droit de dire que les deniers des Fabriques

sont des *deniers publics* assimilables aux deniers des communes, des hospices ou des bureaux de bienfaisance; c'est à cé point de départ qu'il faut en revenir et c'est sur ce terrain que tous lès catholiques français devraient se placer.

Au point de vue de la conduite pratique à tenir par les trésoriers de Fabrique, en présence des prescriptions combinées des décrets du 22 mars 1893 et du 18 juin 1898, le comité estime que l'attitude résolue et respectueuse que l'auteur de la consultation leur recommande est conforme à la fois aux prescriptions canoniques et aux principes généraux de notre droit public français, d'après lesquels l'évêque est le supérieur hiérarchique du Conseil de Fabrique et le juge naturel de ses comptes. (Art. 87 du décret du 30 décembre 1809.)

C'est à lui avant tous autres que les trésoriers de Fabrique doivent rendre compte de l'exécution de leur mandat.

Ces principes traditionnels, consacrés par le décret-loi du 30 décembre 1809, n'ont été abrogés, ni par le laconique article 79 de la loi du 26 janvier 1892, ni par les décrets rendus en exécution de cette loi.

Cette attitude, qui sauvegarde mieux que toute autre les intérêts des trésoriers de Fabrique, a en outre l'avantage de concentrer entre les mains de NN.SS. les évêques les comptos de tous les trésoriers de Fabrique de leur diocèse et de leur permettre d'exercer le droit de contrôle dont on ne saurait les dépouiller.

Ce droit de contrôle exercé, il y aura lieu d'attendre, en s'appuyant sur les raisons développées ci-dessus, que la question des Fabriques qui, selon l'expression de S. Exc. le nonce apostolique, est une **question au moins mixte**, ait été réglée d'un commun accord entre l'autorité *Ecclésiastique* et l'autorité *Civile*.

Délibéré à Paris le 16 juillet 1898.

LE COMITÉ

DES JURISCONSULTES CATHOLIQUES DE PARIS.

Note. — Pour tous renseignements concernant la défense des intérêts fabriciens, s'adresser à M. Henri TANDIÈRE, 69, rue Madame, à Paris.

PROJET DE PÉTITION

A signer par les « Conseils de Fabrique » et à remettre au « député » de chaque circonscription, à quelque parti qu'il appartienne.

A Monsieur le Député de la circonscription de......

Les membres du **Conseil de fabrique** de...... soussignés, ont l'honneur de vous adresser un **VŒU**, avec prière de le transmettre à la Chambre des députés, en faveur des intérêts fabriciens qui leur ont été confiés.

L'application des nouveaux décrets du 27 mars 1893 et du 18 juin 1898, menace d'apporter le trouble dans l'administration des Fabriques et, dans plus d'un endroit, d'en compromettre l'existence.

L'expérience tentée depuis quatre ans semble démontrer que les règles de comptabilité qu'on voudrait imposer à des hommes de dévouement et de bonne volonté, exerçant des fonctions gratuites, sont inapplicables *à nos établissements.* On peut craindre qu'elles ne deviennent une entrave ou une cause grave de perturbation dans la gestion de nos deniers fabriciens.

Ces deniers n'ont d'autre objet que l'intérêt sagement entendu du culte catholique. Les ressources de nos paroisses proviennent de contributions volontaires des fidèles; elles n'ont toutes qu'un but, exclusivement religieux, et n'ont aucun des caractères que présentent les *deniers publics* ordinaires.

Puisque *l'évêque* est le *chef hiérarchique* de nos fabriques et qu'à ce titre il a *seul* qualité pour en arrêter les budgets, les soussignés estiment qu'étant également *le juge naturel des comptes,* il doit, conjointement **avec l'autorité civile,** trouver dans les dispositions législatives la juste reconnaissance de son droit.

En conséquence, ils forment le **vœu** qu'une *entente* s'établisse le plus promptement possible sur ces graves questions entre *les autorités civile et religieuse,* et ils vous prient respectueusement, monsieur le Député, de vouloir bien faire parvenir ce **Vœu** aux **Pouvoirs publics** et en saisir le **Parlement.**

Fait à   , le

(Signatures des membres de la Fabrique avec légalisation.)

Imprimerie E. PETITHENRY, 8, rue François Ier, Paris.

www.ingramcontent.com/pod-product-compliance
Ingram Content Group UK Ltd.
Pitfield, Milton Keynes, MK11 3LW, UK
UKHW020132080726
13614UKWH00005B/2185